우리는 모두
도로시다
필사노트

프롤로그

길을 잃는다는 건,
새로운 나를 만나는 일

우리는 살아가며 수많은 길을 지나고, 때로는 길을 잃기도 합니다. 어디로 가야 할지 알 수 없는 날엔, 누군가의 이야기 속에서 나를 발견하곤 하죠.
『오즈의 마법사』는 환상적인 세계로의 여행 이야기이자, 자기 자신을 찾아가는 마음의 여정입니다. 도로시는 집을 그리워하며, 허수아비는 생각을 원하고, 양철 나무꾼은 심장을, 사자는 용기를 찾습니다. 하지만 여행이 끝날 즈음, 그들은 깨닫습니다.
"우리가 찾고 있던 건, 처음부터 우리 안에 있었던 것"이라는 걸요.

이 책은 오즈의 여정을 함께 따라가며, 각 인물의 감정과 목소리를 따라 써 내려가는 필사의 여정입니다. 그들이 만났던 갈림길과 두려움, 따뜻함과 믿음을 손으로 천천히 되새기며, 당신만의 속도로 걸어가 보세요.
당신도 모르게 잃어버렸던 감정, 흘려보냈던 말들, 내 안의 용기와 사랑이 다시금 깨어날지도 몰라요.
이 책이 당신 마음속 오즈의 길이 되기를 바라며.

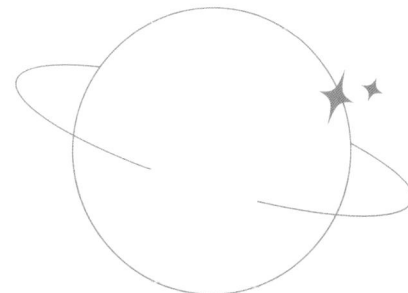

목차

프롤로그 002

『오즈의 마법사』 주요 등장인물 설명 006

오즈의 마법사 감성 에세이 008

따라 쓰는 감성 메시지 & 나에게 묻는 질문 042

✦ 쓰기 노트
082

✦ 에필로그
080

✦ MBTI로 본 8 캐릭터
060

『오즈의 마법사』 주요 등장인물 설명

도로시
Dorothy

캔자스에 사는 평범한 소녀. 회오리바람에 휘말려 오즈의 나라에 도착하며 여정을 시작해요.

성격 순수하고 따뜻하며, 용기 있고 정의로움.
상징 의미 자기 자신을 찾아가는 여정. 마음속 진실한 바람의 중요성을 상징.

허수아비
Scarecrow

옥수수밭에 세워져 있던 허수아비. 자신에게 '머리(두뇌)'가 없다고 생각해 슬퍼하지만, 실제로는 누구보다 현명한 말과 아이디어를 많이 내요.

성격 겸손하고 사려 깊으며, 때로는 엉뚱한 유머도 있음.
상징 의미 지혜와 자기 불신을 극복하는 성장.

양철 나무꾼
Tin Woodman

온몸이 금속으로 된 나무꾼. 녹슬어 움직일 수 없는 상태에서 도로시에 의해 구출돼요. 자신에게 '심장'이 없다고 생각해 슬퍼하지만, 누구보다 따뜻하고 감성적인 존재.

성격 다정다감, 배려심이 깊고 감정 표현이 풍부함.
상징 의미 사랑, 감정, 공감 능력의 중요성.

겁쟁이 사자
Cowardly Lion

겉모습은 위풍당당한 사자지만, 사실은 겁이 많아 자신을 비겁하다고 생각함. 하지만 중요한 순간마다 용기를 내는 진짜 '용감한 자'.

성격 유쾌하고 감정이 풍부하며, 위기 때 용기를 발휘함.
상징 의미 진정한 용기란, 두려움을 이겨내는 것이라는 메시지.

토토
Toto

도로시의 충직한 강아지. 도로시를 따라 어디든 함께하며, 여러 위기 속에서 의외의 활약을 해요.

성격 작지만 용감하고 충성스러움.
상징 의미 본능적인 지혜, 일상의 소중함, 무조건적인 사랑.

오즈 대왕
The Wizard of Oz

에메랄드 시티의 위대한 마법사라 알려졌지만, 사실은 마법 능력이 없는 평범한 인간.

성격 약간의 속임수는 있지만, 궁극적으로 모두를 도우려는 따뜻한 면이 있음.
상징 의미 환상과 진실, 자신을 믿는 힘의 중요성.

북쪽의 좋은 마녀
Glinda

도로시를 따뜻하게 돕는 마녀. 사실 처음부터 도로시가 집에 돌아갈 수 있는 방법을 알고 있었음.

성격 자비롭고 지혜로움.
상징 의미 내면의 안내자, 자기 믿음의 여정에서의 조력자.

서쪽의 나쁜 마녀
Wicked Witch of the West

도로시의 주요 적대자. 잔혹하고 권력을 탐함.

성격 냉혹하고 지배적.
상징 의미 두려움, 권력욕, 자아 속 그림자.

"평범함 속에 숨은 특별함"

"생각이 많은 나에게"

"느껴지는 것보다 깊은 나의 마음"

"두려움 안의 용기"

"작은 존재의 큰 위로"

"환상 너머의 나"

"이미 알고 있었던 길"

"두려움이라는 그림자"

오즈의 마법사
감성 에세이

도로시

"평범함 속에 숨은 특별함"

어디로 가야 할지 모를 때가 있어요.
길을 잃은 것 같지만, 실은 나를 찾아가는 중일지도 몰라요.
도로시는 집으로 돌아가고 싶다는 단 하나의 마음만으로
낯선 세계에서 용기를 내고, 친구를 만들고,
자신을 성장시켜요.

우리도 그런 순간을 지나고 있는 거예요.
흔들려도 괜찮아요.
여정을 걸어가는 당신은 이미 특별하니까요.

도로시

세상은 처음부터 친절하지 않았다.
하지만 도로시는 그 속에서 길을 묻지 않고,
사람을 먼저 바라보았다.
그녀의 리더십은 지시가 아닌 공감으로 빛났고,
낯선 세계에서도 '함께'를 만들 줄 알았다.
마음을 따라 걷는 용기는 언제나 그대를 집으로 이끌 것이다.

허수아비

"생각이 많은 나에게"

나는 왜 이렇게 복잡할까?
괜히 나만 멍청한 건 아닐까?
허수아비는 머리가 없다고 말하지만,
여정을 함께하면서 누구보다 깊고 다정한 생각을 해요.

생각이 많다는 건, 마음이 섬세하다는 뜻이에요.
그 복잡함 속에는 사실 누구보다
지혜로운 나 자신이 숨어 있어요.
그러니 걱정 말아요. 당신은 충분히 현명해요.

허수아비

생각은 늘 그의 안에 있었다.
겉모습은 허술했지만, 마음속에는 질문들이 자라고 있었다.
그는 항상 '어떻게?'를 묻고,
타인의 생각에 귀 기울이며 자신을 만들어갔다.
지혜는 타고나는 게 아니라,
매일의 사유로 피어나는 것임을 그는 알고 있었다.

양철 나무꾼

"느껴지는 것보다 깊은 나의 마음"

심장이 없다고 느낄 때가 있어요.
감정을 표현하지 못할 때, 나는 차가운 사람인 줄 알았어요.
양철 나무꾼도 그렇게 생각했어요.
하지만 그는 누구보다 따뜻하게 아파하고, 사랑했어요.

말하지 않아도 느껴지는 감정들이 있어요.
우리의 마음은, 생각보다 깊고 다정하니까요.

양철 나무꾼

그는 심장이 없다고 생각했지만,
누구보다 마음으로 움직였다.
사랑하고 싶다는 마음은 늘 조용히 몸짓으로 나타났고,
자신을 버리고서라도 누군가의 아픔을 지고자 했다.
진짜 온기는 말보다 행동에서 자라나는 걸 그는 증명해 냈다.

겁쟁이 사자

"두려움 안의 용기"

겁이 많다고 해서 약한 건 아니에요.
진짜 용기는 두려움을 마주하고도 걸어가는 마음이에요.
겁쟁이 사자는 그 누구보다 많이 떨었지만,
누구보다 많은 걸 해냈어요.

지금의 나도 그래요.
떨리지만 계속하고 있어요.
그건, 내가 겁쟁이가 아니라 용감하다는 증거예요.

겁쟁이 사자

그는 겁이 났다. 하지만 멈추지 않았다.
진짜 용기는 두려움을 없애는 게 아니라,
두려워도 나아가는 마음에서 태어난다.
그는 포효하지 않고도,
존재만으로 용기를 전하는 사자가 되었다.

토토

"작은 존재의 큰 위로"

토토는 말을 하지 않아요.
하지만 언제나 도로시 곁에 있어요.
힘들 때, 말 대신 곁을 내어주는 존재.
그런 사람이 단 한 명만 있어도 우리는 괜찮아져요.

그리고 가끔은, 나 자신이 그런 존재가 되어도 좋아요.
누군가의 곁에 조용히 있어 주는 사람.

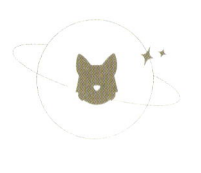

토토

말없이 도로시 곁을 지키던 존재.
작고 날렵한 몸짓 안에 순간을 직감하고,
그 순간을 사랑하는 본능이 깃들어 있었다.
불안한 여정 속에서도 토토는 늘 지금을 살고 있었다.
그 작은 생명은 '지금 여기를 살아내는 법'을 알려준다.

오즈 대왕

"환상 너머의 나"

오즈는 위대한 마법사가 아니었어요.
속임수로 만들어낸 환상이었지만,
그가 전해준 건 거짓이 아니었어요.
그는 모두가 가진 가능성을 깨닫게 했어요.

우리도 그래요. 대단하지 않아도 괜찮아요.
누군가에게, 나는 이미 '위대한 존재'일 수 있어요.

오즈 대왕

거대한 성 뒤에 숨어 있던 한 사람.
그는 진짜 마법사는 아니었지만,
사람들을 움직이는 언어를 알고 있었다.
거짓과 진실 사이에서 그는 중요한걸 깨달았다.
사람은 '무엇이 되려는가'보다
'어떤 마음으로 살아가는가'가 더 중요하다는걸.

북쪽의 좋은 마녀

"이미 알고 있었던 길"

당신은 원래부터 그곳으로 갈 수 있었어요.
나는 단지 그걸 믿게 해준 사람일 뿐이에요.

북쪽의 좋은 마녀는 그렇게 말했어요.
우리는 종종 누군가의 말 한마디,
따뜻한 눈빛 하나에 자신을 다시 믿기 시작하죠.

그 믿음은 결국, 내 안에 있었어요.

🔴 북쪽의 좋은 마녀

그녀는 모든 답을 알고 있었지만,
대신 걸어주진 않았다. 조용히 곁에 머무르며,
스스로 길을 찾도록 빛을 비추는 존재.
진짜 응원은 밀어주는 것이 아니라
기다려주는 것임을 그녀는 알고 있었다.

● ● **서쪽의 나쁜 마녀**

"두려움이라는 그림자"

그녀는 강력하고 무서웠어요.
하지만 결국엔 물 한 바가지에 사라져 버렸죠.
우리가 그토록 무서워했던 건,
사실 내가 만든 그림자일지도 몰라요.

두려움은 마주하면 작아져요.
그림자에 휘둘리지 않고, 그걸 알아채는 순간
우리는 더 이상 두렵지 않아요.

서쪽의 나쁜 마녀

그녀는 모든 걸 쥐고 싶어 했다.
두려움은 통제로, 욕망은 권위로 포장되었다.
하지만 결국 쌓인 권력보다 진실한 마음 하나가 더 강했다.
그녀는 자신을 무너뜨린 그림자였지만,
우리 안의 그림자 또한 마주해야 하는 존재다.

"나는 지금, 나만의 여정을 걷고 있다."

"생각이 많다는 건, 내가 더 깊이 느끼는 사람이란 뜻이야."

"말하지 않아도, 내 마음은 충분히 전해질 수 있어."

"나는 무서워도, 계속 걸어간다."

"작은 존재가, 가장 큰 위로가 된다."

"진짜 마법은, 나를 믿는 순간 생겨난다."

"정답은 언제나, 내 안에 있었다."

"나는 더 이상, 그 그림자에게 지지 않아."

따라 쓰는 감성 메시지
&
나에게 묻는 질문

도로시 "평범함 속에 숨은 특별함"

따라 쓰는 문장

"나는 지금, 나만의 여정을 걷고 있다."

나에게 묻는 질문

✦ 나는 요즘 어떤 여정을 걷고 있나요?

✦ '돌아가고 싶은 마음'이 가리키는 곳은 어디인가요?

허수아비 "생각이 많은 나에게"

따라 쓰는 문장

"생각이 많다는 건,
내가 더 깊이 느끼는 사람이란 뜻이야."

나에게 묻는 질문

✦ 나는 최근 어떤 생각이 머릿속을 맴돌았나요?

✦ 그 생각 속에서 나의 지혜는 무엇이었나요?

양철 나무꾼 "느껴지는 것보다 깊은 나의 마음"

따라 쓰는 문장

"말하지 않아도,
내 마음은 충분히 전해질 수 있어."

> 나에게 묻는 질문

✦ 내가 최근 누군가에게 보여준
　따뜻한 마음은 어떤 모습이었나요?

✦ '감정을 표현하는 것'은 나에게 어떤 의미인가요?

겁쟁이 사자 "두려움 안의 용기"

따라 쓰는 문장

"나는 무서워도, 계속 걸어간다."

나에게 묻는 질문

✦ 최근 나를 가장 두렵게 했던 순간은 언제였나요?

✦ 그 순간에도 내가 포기하지 않았던 이유는 무엇인가요?

토토 "작은 존재의 큰 위로"

따라 쓰는 문장

"작은 존재가, 가장 큰 위로가 된다."

나에게 묻는 질문

✦ 내 곁에 언제나 조용히 있어준 존재는 누구였나요?

✦ 나는 누구에게 그런 존재가 되어주고 있나요?

오즈 대왕 "환상 너머의 나"

따라 쓰는 문장

"진짜 마법은, 나를 믿는 순간 생겨난다."

> 나에게 묻는 질문

✦ 내가 지금까지 믿지 못했던 나의 능력은 무엇인가요?

✦ '나는 나에게 어떤 마법을 걸 수 있을까' 생각해본 적 있나요?

북쪽의 좋은 마녀 "이미 알고 있었던 길"

따라 쓰는 문장

"정답은 언제나, 내 안에 있었다."

나에게 묻는 질문

✦ 나는 지금 스스로의 선택을 얼마나 믿고 있나요?

✦ 내가 나를 믿도록 해준 누군가가 있나요?

서쪽의 나쁜 마녀 "두려움이라는 그림자"

> **따라 쓰는 문장**

"나는 더 이상, 그 그림자에게 지지 않아."

`나에게 묻는 질문`

✦ 내 안에 어떤 두려움이 자주 그림자처럼 따라다니나요?

✦ 그 두려움은 진짜일까요, 내가 만든 상상일까요?

MBTI로 본 8캐릭터

도로시
Dorothy

ENFJ - 정의로운 지도자

E (외향) 사람들과 쉽게 유대감을 형성하고,
낯선 이들과도 금세 '함께'를 만들어요.

N (직관) 눈앞의 현실보다 '집으로 돌아가기'라는
이상에 집중하며 길을 내비칩니다.

F (감정) 타인의 마음을 깊이 헤아리고,
공감으로 모두를 이끄는 따뜻함이 돋보여요.

J (판단) 목표 지향적이고 계획적이며,
분명한 목적(집으로 귀환)을 끝까지 밀고 나갑니다.

✦ 특징

강한 책임감, 타인에 대한 배려심, 변화에 대한 적응력

✦ 이유

어린 나이지만 동료들을 이끌고, 공감 능력으로 모두를 하나로 묶는 역할을 해요. 항상 모두가 함께하길 원하고, 집으로 돌아가는 확고한 목적이 있어요.
도로시는 언제나 누군가를 도우며, 자신보다 남을 먼저 생각합니다. 어린 나이지만 리더십이 있으며, 타인을 위한 용기가 그녀를 성장하게 만듭니다. 그녀의 여정은 내면의 책임감과 사랑이 이끄는 길입니다.

✦ 대표 감성 메시지

"끝까지 함께할게.
네가 길을 잃지 않도록."

허수아비
Scarecrow

INTP – 논리적인 사색가

I (내향)　혼자 사색하며
　　　　　내면의 질문을 깊이 탐구해요.

N (직관)　즉흥적인 아이디어를 떠올리고
　　　　　새로운 가능성을 상상하는 데 뛰어납니다.

T (사고)　감정보다 논리와 분석을
　　　　　중시하며 문제 해결에 몰두해요.

P (인식)　계획에 얽매이지 않고
　　　　　유연하게 상황에 대처합니다.

+ 특징

아이디어 뱅크, 내면적인 성찰, 유연한 사고

+ 이유

머리가 없다고 느끼지만 실제로는 문제 해결력과 창의성이
뛰어나요. 지식과 사고에 대한 깊은 갈망이 있음.
겉으론 어수룩해 보이지만, 질문하고 사유하며 세상의
이치를 탐구합니다. 머리를 갖고 싶다는 그의 말은,
지혜가 단순히 지식이 아니라 성찰이라는 걸 알려줍니다.

+ 대표 감성 메시지

"나는 생각할 수 있어.
그래서 계속 걸을 수 있어."

양철 나무꾼
Tin Woodman

ISFJ - 따뜻한 수호자

I (내향) 조용히 자신의 감정을 음미하며,
외부에 많이 드러내지 않아요.

S (감각) 구체적인 '심장이 없음'이라는
물리적 현실을 세심하게 느끼며 반응합니다.

F (감정) 깊이 공감하고, 도움을 주려는
다정한 마음이 행동으로 나타납니다.

J (판단) 꾸준하고 책임감 있게,
한 번 정한 가치를 끝까지 지켜요.

✦ 특징

　다정함, 조용한 희생, 진심 어린 헌신

✦ 이유

　심장이 없다고 느끼지만 누구보다 감정이 섬세하고,
　타인의 아픔에 공감해요. 묵묵히 곁을 지켜주는 성향입니다.

✦ 대표 감성 메시지

"심장이 없어도,
나는 느낄 수 있어."

겁쟁이 사자
Cowardly Lion

ESFP – 자유로운 영혼의 연기자

E (외향) 감정을 솔직하게 표출하고,
타인과의 순간을 즐기는 편이에요.

S (감각) '두려움'이라는 감각적 경험을
강렬하게 느끼며 반응합니다.

F (감정) 공감 능력이 뛰어나고,
순간의 즐거움과 열정을 중시합니다.

P (인식) 유연하고 즉흥적으로,
그때그때 마음 가는 대로 행동해요.

✦ 특징

감정 표현이 풍부함, 존재 자체로 사람을 끌어당김,
용기를 찾아가는 여정

✦ 이유

겉으론 용맹한 동물처럼 보이지만 내면은 감성적이고
겁이 많아요. 진짜 용기는 두려움을 인정하는 것임을
보여줘요.
용기를 갖고 싶다고 했지만, 친구들을 위해 먼저 나서는
그의 모습은 이미 진짜 용기를 보여줍니다. 사자는
마음이 떨리는 순간에도 사랑하는 이를 위해 나아가는
존재입니다.

✦ 대표 감성 메시지

"용기는 두려움을 껴안는 거야."

토토
Toto

ISTP - 현실적인 탐험가

I (내향) 말은 없지만,
내면의 직감을 따라 조용히 움직여요.

S (감각) 환경을 날카롭게 관찰하고,
순간의 실시간 정보를 민첩히 처리합니다.

T (사고) 직관적이면서도 현실적이고,
실용적인 행동 위주로 반응해요.

P (인식) 자유롭고 유연하게,
고정된 계획 없이 즉흥적으로 대처합니다.

✦ 특징

관찰자, 민첩하고 직감적인 행동파

✦ 이유

작지만 누구보다 민감하게 상황을 감지하고, 결정적인 순간에 행동해요. 도로시를 실제로 지키는 역할도 하죠. 작지만 강한 존재로, 삶의 순간순간을 즐기며 에너지를 퍼뜨립니다.

✦ 대표 감성 메시지

"작은 움직임 하나가, 모든 걸 바꿀 수 있어."

오즈 대왕
The Wizard of Oz

ENTP – 창의적인 전략가

E (외향) 대중 앞에서 자신의 이미지를
　　　　　　적극적으로 포장하고 과시합니다.

N (직관) 상징과 허상을 사용해 사람들의
　　　　　　상상력을 자극하고 이끌어요.

T (사고) 전략적이고 논리적인 언변으로
　　　　　　주위를 설득합니다.

P (인식) 유연하게 상황을 바꾸고,
　　　　　　즉흥적인 기지를 자주 발휘합니다.

+ 특징

　말재주, 상상력, 시스템 조작의 달인

+ 이유

　실제 마법은 없지만 기지와 연기로 사람들을 이끌어요.
　허상을 이용해 진실을 끌어내는 묘한 존재.
　위대한 마법사로 알려졌지만, 실제로는 허상에 숨어
　있었던 인물. 그가 보여준 건 진짜 힘이 아닌 '믿게
　만드는 힘'이었습니다. 그는 불완전함 속에서도
　자신만의 방식으로 세상을 움직인 사람입니다.

+ 대표 감성 메시지

　"진짜 마법은, 믿게 만드는 힘이야."

북쪽의 선한 마녀
Glinda

INFJ – 통찰력 있는 조언자

I (내향) 조용히 관찰하며,
           한 발짝 떨어져서 큰 그림을 봅니다.

N (직관) 사람들의 잠재력과
           내면의 목소리를 직관적으로 꿰뚫어요.

F (감정) 따뜻하고 이타적인 조언으로
           타인을 배려합니다.

J (판단) 분명한 신념과 가치관으로,
           명확한 방향성을 제시해요.

✦ 특징

　미래지향적, 조용하지만 강한 확신, 내면의 평화 추구

✦ 이유

　모든 여정의 방향을 잡아주는 인도자. 정면에 나서기
　보다는 조용히 뒤에서 도와주는 유형이에요.
　말보다 눈빛으로 사람을 이끄는 존재. 세상을 조용히
　지켜보며 결정적인 순간에 손을 내밉니다. 그녀는
　변화의 씨앗을 심는 사람이며, 타인의 운명을 지혜롭게
　인도합니다.

✦ 대표 감성 메시지

"너는 이미 길 위에 있어.
마음을 따라가면 돼."

서쪽의 사악한 마녀
Wicked Witch of the West

ESTJ – 냉철한 통솔자

E (외향) 권위와 통제를 드러내며
대중을 강하게 주도합니다.

S (감각) 현실적인 힘의 메커니즘(위험·두려움)을
직감적으로 활용해요.

T (사고) 이성적이고 목표 지향적인 판단으로
체계를 운영합니다.

J (판단) 계획적·통제적인 성향으로,
정해진 질서를 유지하려 합니다.

✦ 특징

전략적 사고, 강한 지배욕, 통제력

✦ 이유

강한 권력을 원하고 체계와 질서를 만들려 하지만, 공포를 통해 움직이려는 리더십이 한계로 작용해요. 무서운 권력의 상징으로 등장하지만, 사실은 질서와 통제를 통해 세상을 유지하려 했던 인물. 그녀는 두려움으로 세상을 지배하려 했던 과거의 그늘이기도 합니다.

✦ 대표 감성 메시지

"두려움은 힘이 아니야.
결국, 사랑이 더 오래 남아."

당신의 MBTI는 무엇인가요?

✦ 당신은 오즈의 마법사 캐릭터 중 누구와 가장 가깝다고 생각되나요?
그 이유는 무엇인가요?

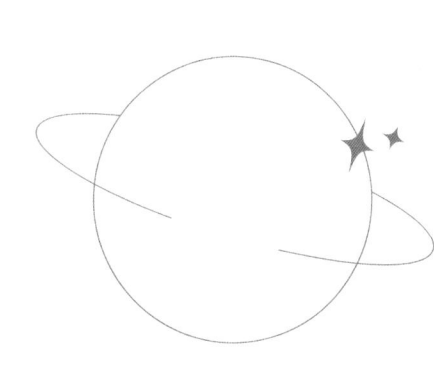

에필로그

다시,
나로 돌아오는 길

한 장 한 장을 천천히 따라 써오며 당신은 어떤 마음을 만났나요?

누군가는 도로시처럼 돌아가고 싶은 마음의 집을 떠올렸을 것이고, 허수아비처럼 자신의 지혜를 믿는 연습을 시작했을 수도 있어요.

혹은 사자처럼 두려움을 품고서도 한 발짝 내디딘 순간을 기억했을지도 모릅니다.

오즈의 여행은 사실, 우리 모두의 이야기입니다. 우리는 저마다 다른 얼굴로 길을 걷고 있지만, 결국 같은 질문을 안고 살아가요.

"나는 괜찮은 사람일까?"

"내가 찾고 있는 답은 어디에 있을까?"

이 책이 그 질문들 앞에서 잠시 멈추고,
당신 안의 따뜻한 무언가를 발견하는 시간이었기를 바랍니다.
길을 잃어도 괜찮아요.
그 길 끝에서, 우리는 다시 진짜 나 자신을 만나게 되니까요.
당신의 여정에 따뜻한 빛이 함께하길, 조용히 응원합니다.
그리고 기억하세요.
당신에게 필요한 건, 이미 당신 안에 있어요.

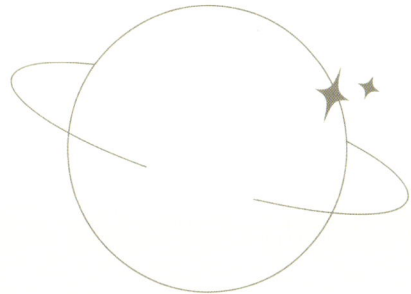

The Wonderful Wizard of Oz

The Wonderful Wizard of Oz

The Wonderful Wizard of Oz

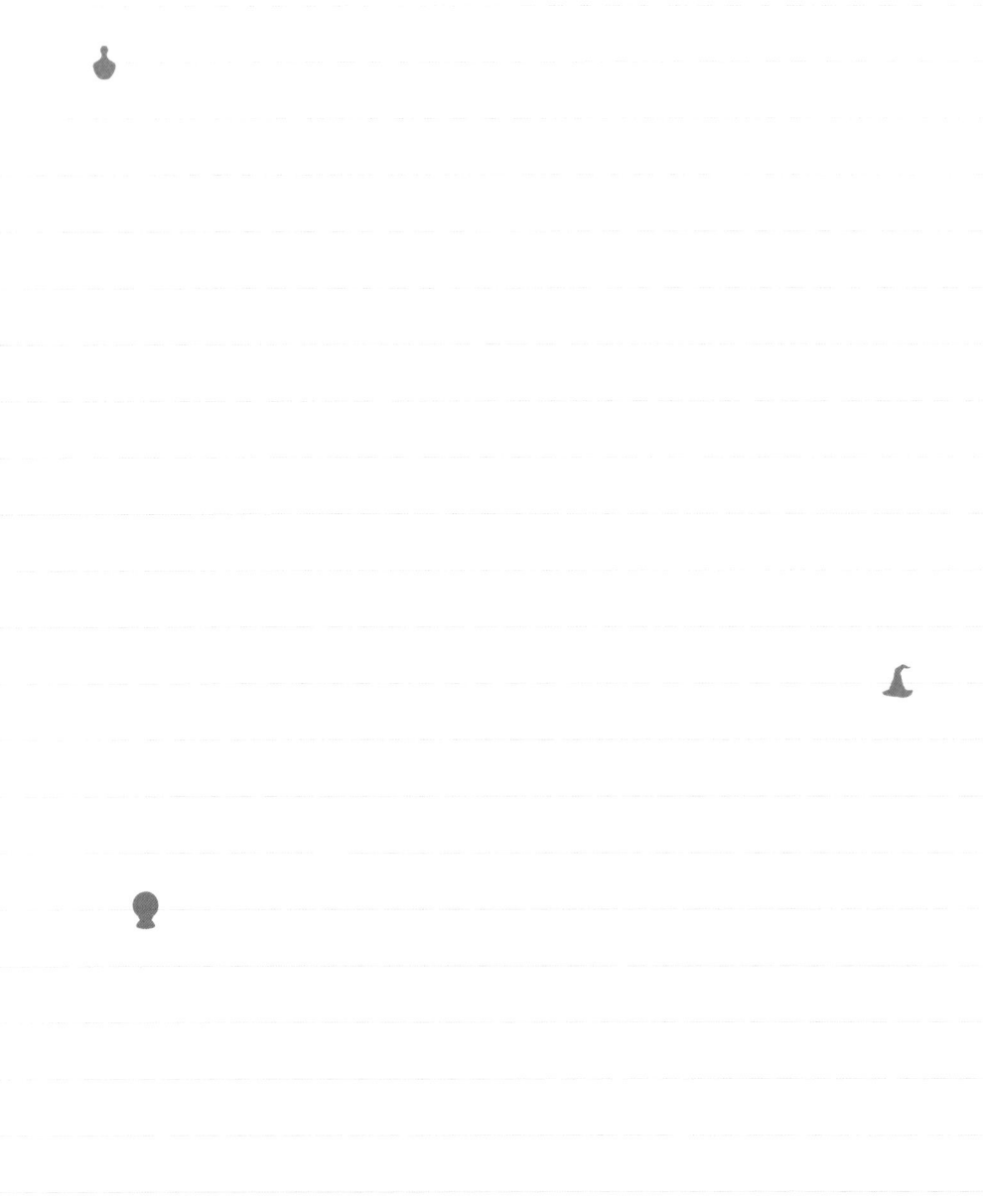

The Wonderful Wizard of Oz

The Wonderful Wizard of Oz

The Wonderful Wizard of Oz

The Wonderful Wizard of Oz

The Wonderful Wizard of Oz

The Wonderful Wizard of Oz

The Wonderful Wizard of Oz

The Wonderful Wizard of Oz

The Wonderful Wizard of Oz

The Wonderful Wizard of Oz

The Wonderful Wizard of Oz

The Wonderful Wizard of Oz

우리는 모두 도로시다 필사노트

초판 1쇄 인쇄 2025년 11월 11일
초판 1쇄 발행 2025년 11월 22일

펴낸이 김정은

기획·편집 그린다이노 | **디자인** design S

펴낸곳 그린다이노 | **출판 등록** 제384-2020-000006호
주소 경기도 안양시 만안구 석천로 159번길 44-7, 2층(석수동, 상록빌딩)
전화 031-473-0603 | **이메일** greendino2020@naver.com

ISBN 979-11-983153-6-6 (03190)

※ 책값은 뒤표지에 표시되어 있습니다.
※ 이 책의 내용을 재사용하려면 반드시 그린다이노의 동의를 얻어야 합니다.
※ 잘못된 책은 구입하신 서점에서 바꾸어 드립니다.